FÁTIMA STORINO

MILAGRES
A CONTA-GOTAS

Copyright© 2023 by Literare Books International
Todos os direitos desta edição são reservados à Literare Books International.

Presidente:
Mauricio Sita

Vice-presidente:
Alessandra Ksenhuck

Chief Product Officer:
Julyana Rosa

Diretora de projetos:
Gleide Santos

Capa, diagramação e projeto gráfico:
Gabriel Uchima

Revisão:
Ivani Rezende

Chief Sales Officer:
Claudia Pires

Impressão:
Gráfica Paym

Dados Internacionais de Catalogação na Publicação (CIP)
(eDOC BRASIL, Belo Horizonte/MG)

S884m Storino, Fátima.
        Milagres a conta-gotas / Fátima Storino. – São Paulo, SP:
        Literare Books International, 2023.
        14 x 21 cm

ISBN 978-65-5922-588-0

1. Bíblia – Estudo e ensino. 2. Milagres – Cristianismo. 3. Vida cristã. I. Título.

CDD 248.4

Elaborado por Maurício Amormino Júnior – CRB6/2422

Literare Books International
Alameda dos Guatás, 102 – Saúde– São Paulo, SP.
CEP 04053-040
Fone: +55 (0**11) 2659-0968
site: www.literarebooks.com.br
e-mail: literare@literarebooks.com.br

FÁTIMA STORINO

MILAGRES
A CONTA-GOTAS

PREFÁCIO

Pequeno, porém grandioso, um livro verdadeiramente libertador para todos que buscam compreender a jornada da vida.

Nele, você encontrará diversos motivos para sorrir, odiar, amar, chorar, enfrentar desafios e avançar em sua vida. E depois passará a percorrer o caminho da liberdade e oportunidades da vida.

Terminar algo é melhor do que começar. Que orgulho fazer parte da sua jornada e aprender com você!

Te amo e admiro, mãe!

Priscila Storino
(Filha de Fátima Storino, CEO da IZZO)

DEPOIMENTOS DAS FILHAS

Katia Storino Ribeiro
(Filha de Fátima Storino, DIRETORA da IZZO)

Minha mãe, Mulher que Na fraqueza, Deus a fez forte. No medo, Deus deu coragem. Na queda, Deus a levantou. Na luta, Deus deu a Vitória. Não importa a situação, Deus é tudo o que precisamos!!

Que este livro te ajude a enfrentar situações impossíveis aos olhos humanos.

Mesmo com todos os nossos erros e imperfeições, Deus está ao nosso lado com sua mão estendida pronto a abençoar.

Mãe que sua experiência possa motivar outros.

Te amo.

Simone Storino Marques
(Filha de Fátima Storino, VP da IZZO)

Como descrever a minha mãe, essa mulher que nos ensinou a temer a DEUS e amá-lo.

Sempre preocupada em nos fazer o melhor, ela me inspira como ser mãe hoje com a pequena Sophia.

Perseverante, e nos ensinou a nunca desistirmos de ser feliz!

Não somos perfeitas, mas, em meio às dificuldades, crescemos mais fortes.

Mãe, parabéns por essa conquista, estou muito orgulhosa de você e pelo privilégio de, como sua filha, fazer parte da história que, com certeza, vai inspirar muitas mulheres.

Te Amo.

SUMÁRIO

APRESENTAÇÃO 13

CAPÍTULO 1:
CONDUZINDO A UMA VIAGEM 21

CAPÍTULO 2:
FÉ, MEU PONTO DE APOIO 29

CAPÍTULO 3:
"DEUS", O AUTOR E
CONSUMADOR DA MINHA FÉ 39

CAPÍTULO 4:
APRENDENDO A OUVIR
A VOZ DO ESPÍRITO 51

CAPÍTULO 5:
NUNCA OLHE PARA O
RETROVISOR DA VIDA 81

CAPÍTULO 6:
OLHAR PARA FRENTE
COM OLHAR DE ÁGUIA 93

MENSAGEM FINAL 103

DEPOIMENTOS DAS AMIGAS 105

APRESENTAÇÃO

"Milagres a conta-gotas".

Milagre é um tema sobre o qual gosto muito de falar porque não há vida extraordinária sem uma atitude mental de fé em busca de milagre.

Não há alta *performance* sem um olhar treinado para focar no lado bom de tudo o que acontece.

O milagre decorrente da fé é muito praticado desde os tempos de CRISTO.

Ele fez sinais, prodígios e maravilhas. Seja por cura instantânea, como a famosa história da mulher do fluxo de sangue, que conta como uma mulher, tão cheia de dificuldades, conseguiu ter fé em JESUS e ser curada. Esse episódio se encontra em três dos quatro evangelhos: Mateus 9:20-22; Marcos 5:24-34; Lucas 8:43-48.

Estudos revelam que a fé no sobrenatural também é altamente benéfica para a saúde do corpo, alma e Espírito, e para os relacionamentos, pois o nosso Manual do Fabricante, Bíblia Sagrada, nos diz:

"Sem fé é impossível agradar a DEUS, pois quem dele se aproxima precisa crer que Ele existe e que recompensa aqueles que o buscam."
(Hebreus 11:6)

Os benefícios da fé são estudados desde os anos 80 no Brasil. A Organização Mundial da Saúde (OMS) atesta que a fé influencia na saúde física, mental e biológica.

Um estudo populacional feito em 2001 pelo Centro Nacional de Adição e Abuso de Drogas dos EUA constatou que adultos que não consideram religião importante em suas vidas consomem mais álcool e drogas dos que acham os credos relevantes e têm uma vida mais desregrada no que diz respeito à saúde.

É a versão real dos Simpsons. Homer Simpson faz pouco de qualquer fé, é obeso e alcoólatra. Já seu vizinho religioso, Ned Flanders, é regrado, tem saúde perfeita e é sarado.

Obviamente isso não quer dizer que, ao entrar para uma igreja, vai te dar um corpo de atleta, mas aplicar a mesma disciplina que temos para seguir os preceitos bíblicos na vida pessoal pode fazer a diferença para a saúde e para o corpo.

Quando se busca um milagre, pela fé, temos muitos benefícios.

I. No físico:
- Sistema imunológico mais forte;
- Menor incômodo com dores;
- Menor pressão sanguínea;
- Mais exercício e maior cuidado com a saúde;
- Qualidade no sono e mais energia ao caminhar.

II. No psicológico:
- Maior nível de emoções positivas;
- Sensação de estar mais alerta, vivo e acordado;
- Mais prazer e alegria;
- Mais otimismo e felicidade.

III. No social:
- Mais prestatividade;
- Generosidade e compaixão;
- Mais perdão;

- Mais extroversão;
- Menos só e isolado;
- Um ímã de riquezas.

Outro benefício da fé reportado pelo Pr. Antônio Júnior, um dos maiores influenciadores digitais do mundo Cristão no Brasil, aponta como a ciência está cada vez mais validando a fé como algo importante para o bem-estar físico e mental.

Hoje, em um contexto de um mundo cada vez mais laico, em que a ciência e a religião parecem se afastar, surgem novas evidências que mostram os benefícios da fé para o corpo e para a mente.

Dezenas de estudos mostram que fiéis são mais felizes, vivem mais, conseguem combater doenças e superar adversidades com mais facilidade.

O Manual do Fabricante nos ensina como obter essa fé que transforma:

> "De sorte que a fé é pelo ouvir,
> e o ouvir pela palavra de DEUS."
> **(Romanos 10:17)**

Alguns versículos bíblicos nos instruem a respeito da fé: "E JESUS lhes disse:

**'Se tu podes Crer;
tudo é possível ao que crê.'
(Marcos 9:23)**

**'E JESUS lhes disse: Por causa da vossa pequena fé; porque em verdade vos digo que, se tiverdes fé como um grão de mostarda, direis a este monte: passa daqui para acolá – e há de passar, e nada vos será impossível.'"
(Mateus 17:20)**

A fé é um ímã para o sucesso. Pessoas cheias de fé não precisam correr atrás da felicidade, porque elas simplesmente creem que acontecerá, ou seja, a cura no físico ou em algo que tanto desejam, seja familiar, profissional, sentimental, pois a fé nos leva muito mais além.

A fé não é uma atitude inata, é fruto de um trabalho constante para construí-la e desenvolvê-la. Treine a fé e em nunca duvidar, pois tudo é possível ao que crê.

Seja intencional em demonstrar fé em cada pequeno momento do seu dia.

Este livro que você tem nas mãos é um excelente recurso para construção de quem você decide ser a partir de hoje.

Lembre-se: comece o dia com a palavra de DEUS. Os primeiros minutos do seu dia pela manhã determinam a qualidade de todo o seu dia.

Vença a tentação de checar as últimas notícias ou as mais recentes atualizações das redes sociais. Assim que acordar, debruce sua mente e seu coração sobre a verdade que te liberta e te conduz para uma vida abundante.

Fé maximiza o seu potencial, traz clareza aos seus olhos e faz você enxergar coisas que não via antes. A fé traz luz às situações escuras. Conforme o seu hábito de expressar fé vai crescendo, passa a chamar coisas que não existem (Hebreus 11:1).

A fé é a certeza que vamos receber as coisas que esperamos e a prova de que existem coisas que não podemos ver.

Foi pela fé que as pessoas do passado conseguiram a aprovação de DEUS.

Boa leitura!

CAPÍTULO 1:
CONDUZINDO A UMA VIAGEM

Quero deixar aqui expressas todas as situações que me levaram a encontrar um ponto de apoio na minha fé.

Foram momentos difíceis durante toda a minha trajetória de vida até aqui. Situações em que, humanamente falando, não teria suportado se não tivesse me apegado a DEUS. Por essa força sobrenatural, pude superá-las uma a uma.

Quero começar contando como tudo começou. Desde muito jovem, fui criada num lar CRISTÃO, em que meus pais me ensinaram a ter uma religião, na época Católica Apostólica Romana. Eu não era católica só de dizer que tinha uma religião, mas praticante, de frequentar assiduamente a igreja e fazer a cartilha do cartesiano. Todos os domingos frequentando a missa e comungando. Na época, se confessava os pecados ao padre. E, assim, nessa pureza de fé, fui criada.

Aos 15 anos de idade, conheci Aldo, o meu marido, meu primeiro amor. Tivemos um encontro lindo. Ele foi convidado por um tio para a minha festa de 15 anos. Havia os 15 pares, chamava-se na época de bolo dançante. Aldo gostava de jogar bocha e era sócio do clube Vila Romana, onde jogava com o meu tio que o convidou para a minha festa.

No decorrer da festa, tivemos a valsa, em que a aniversariante dança com o pai e, depois, com o namorado. Como eu não estava namorando, escolhi dançar com meu tio Nicola. No meio da dança, Aldo pediu para dançar a valsa comigo. Meu tio, sabendo do pedido do amigo, insistiu que eu dançasse com ele, pois havia voltado de uma viagem só para estar na minha festa. Ele tinha 23 anos, era 8 anos mais velho do que eu.

Entre uma valsa e outra, ele me falou: "Você é muito linda. Eu quero me casar com você".

Meus tios faziam muito gosto que eu namorasse Aldo. Mas ainda precisávamos esperar até eu ficar mais velha.

A palavra de DEUS nos informa que a palavra tem poder. Aldo, sem saber, afirmou o que realmente queria, se casar comigo. Então, ele declarou: "Vou te esperar e volto quando você estiver pronta".

Aos 17 anos, meus tios, os cupidos da minha vida, me convidaram para ir a uma festa no clube Vila Romana. Era o dia 21 de março de 1974. Lá reencontrei Aldo, era o aniversário dele.

Na época, muitas meninas estavam atrás dele, pois tinha tudo para ser um bom partido, como se falava antigamente. Mas ele largou todas as meninas de lado e me tirou para dançar. Depois, me pegou pela mão e me apresentou para a mãe dele, Dona Lúcia, e disse: "Esta será a sua futura nora".

Ela me disse: "Você é tão jovenzinha e linda. Pense bem! O meu filho não é muito fácil!". E citou alguns vícios que ele tinha na época.

Hoje, comparando a minha vida desde o início, posso entender como a palavra de DEUS é verdadeira em tudo que nos diz. Quando a Bíblia diz que a palavra tem poder, cito alguns exemplos do nosso Manual do Fabricante:

"Disse DEUS:
Haja Luz e houve luz." (Gênesis 1:3) e

> **"Pela fé entendemos que o Universo foi formado pela palavra de DEUS, de modo que aquilo que se vê não foi feito do que é visível." (Hebreus 11:3)**

Na minha vida, a palavra de Aldo, ao afirmar que me esperaria para se casar comigo, era apenas uma declaração em palavras, nada consumado ainda. Assim, quando falamos algo, crendo naquilo que se diz, se torna uma verdade nas nossas vidas.

No ano de 1975, com meus 18 anos, estávamos nos casando na igreja Nossa Senhora de Fátima.

Constituímos uma família linda. Tivemos a nossa primeira filha, Katia Cristina Storino, nome escolhido por Aldo. Ela nasceu no mesmo ano em que nos casamos, pois a nossa pequena e linda, nossa princesinha, Katia nasceu de 7 meses, prematura.

O nascimento dela nos preencheu e trouxe alegria. Após 1 ano e dois meses, engravidei da Priscila. A torcida dessa vez era por um menino, mas ela chegou no tempo certo, grande, forte e nos trouxe também muita alegria.

Após um ano e meio, engravidei novamente. Dessa vez, um menino que, infelizmente, não chegou a nascer devido a alguns esforços que eu fazia para ajudar a minha mãe que tinha Alzheimer. Eu era a única filha para cuidar dela, com duas crianças pequenas. Apesar de ter ajudante no lar, minha mãe necessitava dos meus cuidados. O meu bebê, Aldo Storino Neto, seria o nome dele, morreu no meu ventre com 5 meses de gestação. Foi muito triste!

Após 5 meses de ter perdido o meu terceiro filho, engravidei novamente. Dessa vez, veio a Simone, nossa princesinha. Assim, com os meus 24 anos de idade, na hora do parto, todos foram cesáreas, o médico e Aldo decidiram me operar, mesmo sendo tão jovem. Como a cesariana na época indicava perigo, e eu engravidava com facilidade, se tivesse o quinto filho correria risco de vida.

Tivemos momentos alegres em família, viagens incríveis, que Aldo sempre programava. Mas também momentos difíceis. Eu, muito jovem, com três filhas pequenas, sentia falta de ter uma mãe com saúde ao meu lado para me ajudar. Aldo estava sempre focado no trabalho.

Ele estava sempre fazendo viagens e feiras internacionais, ampliando assim a IZZO, correndo atrás de nos dar o melhor. Mesmo tendo tudo, me sentia só. Quando eu precisava tanto de ajuda e apoio de minha mãe, ela veio a falecer, com apenas 58 anos, vítima de um infarto fulminante. Não tive nem tempo de me despedir dessa mulher incrível que foi a minha mãe Maria. E esse vazio, a falta da ajuda dela e da presença dela ao meu lado, foi muito grande.

Assim, fui me dedicando demais na criação das meninas e do cuidado com meu pai. Como Aldo trabalhava demais, eu ficava muito sozinha. Ele dizia que tinha que nos dar o melhor. Isso fez com que fôssemos nos distanciando, já parecíamos dois estranhos vivendo na mesma casa.

CAPÍTULO 2:
FÉ, MEU PONTO DE APOIO

Então, em meio às dificuldades, a vida nos apresentou uma moça chamada Carmem, que começou a trabalhar na minha casa. Ela presenciava, muitas vezes, a minha luta para manter um casamento e três filhas. Na época, para piorar a situação, meu pai ficou muito doente, com câncer na garganta e eu tive, mais uma vez, de me dedicar aos cuidados também do meu querido pai João, que veio a falecer com 77 anos.

Diante da minha luta, da tristeza e da solidão, fui cada vez mais me distanciando da igreja Católica e comecei a buscar solução para ter um casamento feliz novamente. Todos os lugares e seitas que me indicavam ou falavam que seria a solução, eu estava lá, fervorosa, buscando a libertação do Aldo, que começou a se envolver com bebidas. Antes só bebia socialmente, depois passou a fazê-lo assiduamente, chegando altas horas em casa, totalmente diferente do homem que conheci. Sempre alegando que estava trabalhando e em reuniões.

Busquei em todos os lugares: na Seicho-No-Ie, uma seita budista que falava muito sobre o perdão; depois, comprei uma pirâmide, onde eu entrava e fazia o mantra; comprei uma estátua enorme que se chamava a Deusa do Amor, diante da qual eu fazia minhas rezas pedindo mais amor sobre o meu lar, pois o que eu desejava era ver Aldo liberto daquele vício maldito, a bebida, e que voltasse a me amar como antes, como quando nos conhecemos.

Na época desses amuletos, tínhamos nos mudado para um apartamento maravilhoso nas Perdizes, e as meninas começaram a estudar no Colégio Batista Brasileiro. Katia, 12 anos, Priscila, 10 anos, e Simone, 7 anos. Como disse, Carmem entrou na minha casa para me ajudar nos serviços do lar. Esta moça, simples e muito sábia, entrou na nossa vida com a missão de me ensinar a verdade sobre o Manual do Fabricante, a Bíblia Sagrada.

Eu estava cansada de buscar em tantos lugares e não obter resposta. Tinha a impressão de que, quanto mais rezava, mais assombração me aparecia. Vez ou outra, Carmem me dizia: "DEUS mandou te dizer isso ou aquilo". Eu ficava indignada e a questionava: "E DEUS fala com você? Porque eu o busco, rezo, acendo vela, faço promessas, novenas, vou à Seicho-No-Ie e nada muda, tudo permanece igual. Comigo DEUS não fala". Ela, muito sábia, me respondeu: "DEUS não fala com a senhora porque busca em pessoas, coisas e objetos que têm boca, mas não falam, têm olhos, mas não veem. O SENHOR é espírito e verdade e toda boa dádiva e todo o dom perfeito vem do alto descendo do Pai das luzes, em quem não há mudança nem sombra de variação" (Tiago 1:17).

Continuando, ela me disse: "Faça uma prova, comece a ler o Salmo 91. Fale com DEUS e exponha suas aflições e aquilo que a senhora deseja". Respondi a ela que falaria com DEUS em oculto no meu quarto, pois não tinha outra alternativa, já havia buscado em todos os lugares e até em pessoas a transformação e a mudança na minha vida. E que, se o DEUS que ela estava me apresentando falasse comigo, eu largaria tudo que já havia feito e o seguiria.

Como eu não tinha bíblia em casa, nem sabia como rezar o Salmo 91, pedi à Carmem que me ensinasse e me trouxesse a maior bíblia que tivesse na igreja dela. Na minha inocência, achava que o tamanho da bíblia era importante, já que eu tinha estátua na minha sala da Deusa do Amor, acreditando que, se a adorasse, teria o amor do meu marido de volta.

Seguindo o passo a passo do que Carmem havia me ensinado, todas as noites lia o Salmo 91 e, assim que Aldo dormia, colocava as mãos nas costas dele e orava abençoando-o. Depois de 7 dias, pude perceber a diferença, ele não voltava tarde para casa, estava diferente comigo, já não estava exagerando na bebida. Então, como havia prometido que, se esse DEUS e essas orações que a Carmem estava me ensinando funcionassem, eu largaria todos os amuletos em que eu cria. Assim eu fiz.

Quando chegou a bíblia grande que eu havia pedido a ela, tirei todos os amuletos, levei a Deusa do Amor, que era um objeto de decoração, mas também de adoração, à loja que eu havia comprado e troquei por enfeites sem comprometimento com entidades espirituais. No lugar dela, coloquei a bíblia sagrada aberta no Salmo 91. Pura inocência a minha, pois a bíblia aberta sem eu ler o Salmo não adiantaria nada. Hoje tenho esse entendimento, a Bíblia Sagrada é a boca de DEUS falando conosco. E se a deixamos só aberta, sem manuseá-la, estaremos só enchendo a boca de DEUS de pó.

Quando Aldo chegou em casa à noite e viu aquela bíblia enorme no lugar da estátua, ficou furioso e me perguntou o que tinha feito com a peça linda da deusa que estava ali. Expliquei que havia trocado por outros enfeites sem comprometimento com entidades. Mal sabia ele que o motivo da minha decisão era exclusivamente para que fosse transformado, ou voltasse a ser o mesmo marido de antes.

Em curto prazo de tempo, pelo meu posicionamento de fé, orando, lendo o Manual do Fabricante e escrevendo em um caderno todas as orações que a minha mãe na fé, a Carmem, me ensinava, tudo mudou. Ainda não estava frequentando uma igreja; na verdade, já não sabia mais qual era a minha religião. Dessa forma, resolvi seguir os ensinamentos da Carmem, que pertencia à igreja Congregação Cristã.

Só depois que Carmem me falou do desejo de trabalhar em uma empresa, que percebi que ela foi escolhida por DEUS para me mostrar o caminho. E foi só por um curto período de tempo.

Certa vez, quando tive uma discussão com Aldo e mediante as dificuldades do dia a dia, resolvi ir à casa da Carmem pedir oração. Ao chegar lá, ela me disse, categoricamente, que já havia me ensinado o caminho, que não a fizesse de amuleto e que, da mesma maneira que DEUS falou com ela, falaria comigo.

Pedi que ela me levasse na igreja dela, pois não sabia mais de que religião eu era. Então, sábia, ela me respondeu: "Na minha igreja, a senhora não pode pertencer, pois não cortamos o cabelo, só usamos saias, não usamos adornos, brincos. A senhora, sendo esposa de um empresário, tem de estar bonita e moderna para ganhá-lo para JESUS. Dona Fátima, a igreja somos nós e Ele habita em nosso coração".

Com as minhas filhas estudando no colégio Batista Brasileiro, em todas as festividades, elas faziam apresentação e cantavam louvores a DEUS, sempre com bilhetinhos preenchidos com versículos bíblicos.

Certo dia, me ligou a mãe de uma coleguinha da Katia, da mesma classe dela, a Ester, que hoje somos grandes amigas, e sugeriu que revezássemos, levando e trazendo as meninas ao colégio. Respondi: "Poxa, que bênção, Ester!". Ela, então, me perguntou: "Você é evangélica". Respondi que nem sabia o que eu era, só sabia que lia a bíblia sagrada, fazia as minhas orações e estava funcionando. Ela sugeriu: "Já que não tem igreja, vou te levar na primeira Igreja Batista da Lapa".

O mais incrível foi que, quando procurei a Carmem, ela me disse que DEUS prepararia uma igreja para mim, que não era a dela, para que eu pudesse servir a DEUS sem modificar meu modo de vestir e ganhar o meu marido para Cristo.

Comecei a frequentar a igreja, com as minhas filhas, fui me desenvolvendo e aprendendo mais dos mistérios de DEUS pela fé. Como está escrito em Romanos 10:17, consequentemente a fé vem por ouvir a mensagem, e a mensagem é ouvida mediante a palavra de CRISTO.

CAPÍTULO 3

CAPÍTULO 3:
"DEUS", O AUTOR E CONSUMADOR DA MINHA FÉ

Por isso devemos estar em uma igreja, ouvindo a palavra de DEUS e em comunhão. Assim, nessa Primeira Igreja Batista fui desenvolvendo e aprendendo mais dos mistérios de DEUS pela fé.

Aldo não conseguia entender direito a minha mudança de escolha em buscar DEUS, mas não se opunha. Achava estranho pelo fato de termos sido criados, eu e ele, em um lar Cristão Católico Apostólico Romano. Mas eu aprendi com a querida Carmem, que hoje está no céu, que a igreja somos nós e que DEUS habita dentro de nós. Quando tivermos um encontro real com DEUS, ele, o SENHOR, não nos perguntará qual a nossa placa de igreja.

Nessa mudança, o que me acrescentou foi ter mais fé e crer sem ver nada ainda concretizado. O Manual do Fabricante nos afirma que a fé vem pelo ouvir, e o ouvir pela palavra de DEUS.

Dia após dia, Aldo foi se transformando, voltando a ser aquele homem que o conheci. Para começar, me convidou para ir com ele à feira em Frankfurt. Como eu não havia terminado a faculdade, voltei a estudar inglês e espanhol. Aldo, apesar de ter cursado 3 faculdades, não dominava o idioma. Assim, fomos para a feira e viajamos durante um mês pela Europa. Foi o primeiro presente dado por DEUS na minha vida.

Dia após dia, eu crescia no entendimento da palavra de DEUS. Fizemos viagens incríveis tanto com as meninas como só nós dois. Em um cruzeiro que fizemos, percebi que Aldo não pediu nenhum vinho ou bebida com álcool. Quando perguntei o motivo, disse que havia ido ao médico e que estava diabético. O médico alertou que, se ele quisesse viver para ver as filhas se casarem e ter alegria de ver os netos, que parasse de beber, pois isso afetaria diretamente no diabetes dele.

Mal sabia eu que o SENHOR já estava me preparando para o que viria no futuro. A palavra de DEUS nos diz, em Jó 14:5:

> **"Visto que os seus dias estão contados contigo está o número dos seus meses; tu ao homem puseste limites além dos quais não passará."**

Na verdade, como eu e Aldo fomos criados num lar católico, ele não entendia o porquê de me converter ao Evangelho, mas a minha mudança de rumo era por causa dele mesmo. Eu lutei com todas as minhas forças para que ele se visse livre do vício da bebida e voltasse a ser aquele marido de antes e um pai mais presente.

Mesmo ele já diabético, era resistente em buscar DEUS; na verdade, não frequentava nada relacionado à oração, seja Igreja Católica ou Cristã. Ele sempre queria ver para crer. Mas com DEUS não funciona assim, não temos que ver para crer. Tomé respondeu a JESUS: "Meu SENHOR é meu DEUS". JESUS disse:

> **"Você acreditou porque viu. Felizes os que acreditam sem ter visto."**
> **(João 20:25,26)**

Esse ato deu lugar à expressão segundo São Tomé: "Ver para Crer".

As meninas foram crescendo, fizeram faculdade. Priscila e Katia cursaram Administração e Comércio Exterior. Simone cursou Marketing e Propaganda. Minha filha Katia me incentivou a trabalhar na nossa empresa, a Izzo instrumentos musicais.

A Izzo Instrumentos Musicais comercializa instrumentos musicais e acessórios. Exporta uma extensa linha de instrumentos de percussão e encordoamentos para mais de 33 países e com forte projeção e aumento da participação no mercado nacional e internacional, chegando ao seu centenário.

Foi fundada pelo meu sogro Aldo Storino e teve na gestão o meu marido, Aldo Storino Jr., a partir de 1978.

Atualmente, a nova geração está no comando do negócio com as minhas filhas Katia Storino Ribeiro, VP Textil (fábrica) Priscila Storino, Ceo e Simone Storino Marques, Diretora e VP.

A Izzo trabalha para atender constantemente o sonho dos músicos profissionais e iniciantes.

"105 anos, isso é fruto de muito trabalho, dedicação e confiança de todos os envolvidos. Acreditamos que mais do que vender instrumentos musicais, a Izzo vende uma história e uma paixão por música, com um propósito declarado em crescer, transformar e consolidar valores à vida por meio de instrumentos musicais."

Agradeço a minha família, clientes, músicos, fornecedores, representantes e funcionários que fazem parte do sucesso dessa história centenária.

> "Porque dEle e por Ele, para Ele, são todas as coisas; glória a Deus eternamente, amém."
> **(Romanos 11:36)**

Mais uma vez DEUS me honrando. Eu, que só sabia cuidar das meninas e da família, agora tomaria o meu lugar ao lado de Aldo, o presidente da empresa.

Comecei a fazer "Contas a Pagar" ao lado da sala de Aldo. Fui aprendendo e me sentindo útil e, mais ainda, estudando inglês e viajando para as feiras Internacionais. Tudo começou a se expandir, entramos para o Mercosul. Eu, com meu Inglês básico, conseguia pegar as melhores empresas para que a IZZO representasse no Brasil. As meninas ainda na faculdade, o pai sempre as incentivava que, mesmo estudando, fossem à empresa trabalhar. Elas estudavam à noite e, durante o dia, colocavam em prática a teoria aprendida na faculdade.

Até que um belo dia quando eu estava na igreja com as três meninas, pois Aldo não aceitava frequentar a igreja, um casal nos convidou para participarmos de um jantar de uma associação chamada Adhonep, jantares de empresários e profissionais liberais. À noite, passei o convite para Aldo que, meio desconfiado, me perguntou do que se tratava a associação. Eu disse Associação dos Homens de Negócio do Evangelho Pleno. Ele falou: "Eu sabia, lá vem você com reunião e jantar de religião". Mas aceitou ir, pois esse casal que nos convidou era amigo dele. Durante o percurso até chegarmos ao jantar, no carro, Aldo me disse que, se eu falasse de religião, me deixaria sozinha. Eu, apesar da minha fé, tremi, pois não queria passar vergonha.

Assim que começou o jantar, chamei Edna, esposa do amigo de Aldo, que nos convidou, e perguntei o que aconteceria durante o jantar. Ela me explicou que um empresário traria um testemunho de transformação de vida pela fé. Quando contei a ela que Aldo me deixaria sozinha se falasse de religião, ela me desafiou a acreditar que DEUS está no controle das nossas vidas.

Após o jantar, entrou um homem Preletor da noite para trazer o testemunho. O meu sogro, Sr. Aldo Storino, o fundador da nossa empresa IZZO havia falecido mais ou menos há um mês. Aldo era muito apegado ao pai. Para o meu espanto, quando o Dr. Paulo Matsen entrou, assustei pela semelhança física desse homem com o meu sogro falecido. Ao olhar para Aldo, percebi que estava com os olhos cheios de lágrimas.

Diante do que vi, sugeri a ele que fôssemos embora. Mas ele pediu para ficarmos, queria ver o que o homem tinha para falar. Só sei que, no final da preleção, a história de vida daquele homem era semelhante à nossa história. Para finalizar, o coordenador chamou à frente aqueles que quisessem receber uma oração, permitir que JESUS entrasse para fazer morada e fizesse tudo novo. Aldo foi o primeiro a se levantar.

Foi muita emoção, pois o preletor da noite deixou claro que Adhonep não era religião, por não ter compromisso com nenhuma denominação, mas sim com o filho de DEUS, JESUS CRISTO.

Como diretor da Associação Adhonep, Aldo recebeu o Cristo Vivo em seu coração e começou o seu processo de transformação na fé e no amor, reconhecendo-se como homem cristão, pai exemplar e marido carinhoso. Seguindo seu exemplo, outros amigos começaram a se juntar a ele, levando para seus lares a Palavra de Deus e o resgate de suas famílias.

Como coordenadora de eventos para mulheres, organizava muitos jantares para que pudéssemos consagrar a Palavra de Deus na nossa comunidade. Assim, eu e Aldo crescíamos no conhecimento do Manual do Fabricante, em uma vida baseada na fé em CRISTO, com nossos irmãos de fé.

Para que a prosperidade possa sempre reinar em nossas vidas, no início do ano, temos o hábito de escrevermos uma Carta para Deus reafirmando nossa fé e enumerando as metas a serem alcançadas no novo ciclo, sempre com a bênção de nosso PAI. Assim, mantemos em nossa casa a Palavra Viva para que nossas filhas também possam trilhar suas vidas no amor. Também pela fé, minha filha Katia escreveu exatamente como queria que fosse o seu futuro marido, e todos os dias com fé esperava a chegada do seu pretendente e foi exatamente como ela pediu a Deus.

Agora adultas, nossas filhas formavam suas famílias consagradas no amor e no Poder da Palavra. A primeira a se casar foi a Katia com Paulo Ribeiro, que nos iluminou trazendo ao mundo o nosso querido Raphael, o bebê mais lindo e mais amado, o nosso neto primogênito, o sonho de termos um menino em nossa família se cumpriu.

Com o nascimento do Raphael, hoje com 16 anos, cumpriu-se em nossa família a profecia de que veríamos os filhos dos nossos filhos benditos, trazendo alegria e vida abundante. Ele abriu as janelas da esperança na nossa vida e mostrou a todos nós cor e luz em um futuro em Deus.

Depois de 4 anos do nascimento de Raphael, veio ao mundo nosso segundo neto, Bruno, hoje com 12 anos, um menino cheio de alegria e muito amoroso. Em sua singularidade, apresenta muito do avô no seu jeito de andar e nos gestos.

Depois dos dois netos, chega ao mundo nossa princesa, Mirelle, hoje com 9 anos, uma menina linda, inteligente e muito alegre. Com a nossa neta, a família ganhou ainda mais luz. O vovô Aldo era apaixonado pelos netos, tudo o que fazia, comprava e planejava era sempre pensando neles. Até a casa de Orlando foi pensada para o conforto dos netos, a 15 minutos dos parques temáticos da Disney.

"Para os avós, os netos são a sua coroa de glória. Tal como a coroa dos filhos são os pais."
(Provérbios 17:6)

E quanta glória na nossa família! Quanto amor e quanta alegria em cada momento recordado, em cada viagem, em cada abraço, em cada olhar de ternura.

Gratidão, Deus, pelo tempo que manteve Aldo ao nosso lado e por tantos momentos maravilhosos juntos.

CAPÍTULO 4

CAPÍTULO 4:
APRENDENDO A OUVIR A VOZ DO ESPÍRITO

**"Mas agora, ó Senhor,
tu és nosso Pai, nós somos o barro
e tu nosso oleiro, e todos
nós obra das tuas mãos."
(Isaías 64:8)**

Tudo começou no ano de 2017. Meu marido manifestou vários sintomas dessa doença silenciosa, diabetes. O primeiro sintoma foi na vista esquerda. Foram feitas várias aplicações de injeções para recuperar a visão, mas sem sucesso.

Assim, no começo do mesmo ano, foi feita a primeira cirurgia para recuperar a vista. No meio do ano, mais uma cirurgia. Infelizmente, após a cirurgia, o oftalmologista resolveu aplicar o *laser*, porque houve o descolamento da retina.

Assim, ele voltou para o hospital Einstein onde foi colocado um silicone para segurar a retina. Com tudo isso, mesmo assim, Deus o guardou e voltou a enxergar com um grau mais alto de miopia. Podia até dirigir a lugares próximos, quase uma vida normal.

Em setembro do mesmo ano, mais um golpe. Vários exames foram feitos e, para nossa surpresa, o médico vascular comunicou um entupimento na carótida esquerda, só havia 1% de passagem do sangue para o cérebro e poderia a qualquer momento ter um AVC.

Confiantes em Deus, aceitamos o desafio e foi realizada mais uma cirurgia. O médico nos afirmou que não poderíamos contar com o sucesso, pois era apenas uma tentativa e que, na hora da cirurgia, ele poderia ter um AVC ou ficar sem movimentos dos braços, pernas e, talvez, sem falar. Enfim, verificar os sinais vitais e nada era certo, só hipótese.

No dia 11 de setembro, ele dava entrada no hospital Albert Einstein para mais um desafio. Como a obstrução era grande, não poderiam colocar o Stent contando apenas com o desentupimento. O médico, ao conversar comigo, antes de Aldo subir para o centro cirúrgico, disse que a cirurgia era muito delicada e demoraria. E, após o procedimento cirúrgico, ele passaria por vários testes para ver se teria as movimentações das pernas, braços e se falaria. Eu disse ao médico: "Dr. Nelson, o senhor será apenas instrumento nas mãos de Deus, e tudo dará certo".

Prostrei-me diante de Deus e chorei, mas confiei que o Senhor estaria com suas próprias mãos operando e que tudo realmente daria certo. Depois de 9 horas de cirurgia, finalmente o médico ligou no quarto dando boas notícias. A cirurgia foi um sucesso. Ele já havia acordado com os sinais vitais perfeitos. Falando e movimentando pernas e braços. Glória a Deus por mais esta vitória!

Aldo ficou na UTI apenas por 48 horas. Após esse tempo, foi para o quarto, porque estava muito bem. Para concluir, na quinta-feira estava de alta, com uma recuperação surpreendente. Mais uma vez, pudemos ver as mãos de Deus.

No próprio hospital, um rapaz de 44 anos fez a mesma cirurgia e, na hora do procedimento cirúrgico, teve um AVC na mesa e ficou sem falar e sem movimentos nas pernas e braços. Outro caso muito triste foi o do nosso amigo Celso que deu entrada no Incor já com AVC. Quando Aldo estava indo de alta na quinta-feira, recebemos a notícia do falecimento desse amigo.

Podemos ver em todo o tempo "Os milagres a conta-gotas" em nossas vidas. Deus nos cuidando em detalhes.

Com uma viagem marcada para os EUA em outubro, devido a essa cirurgia, o médico nos sugeriu que deixássemos para novembro. Com muita alegria, fomos para Orlando comemorarmos a vida, ficamos por lá 20 dias.

Depois de uma semana, Aldo começou a reclamar de dor nos dedos do pé direito, pediu que eu checasse as unhas, querendo que eu cortasse. Ao olhar o pé, vi que os dedos estavam muito vermelhos e ele continuava dizendo que estava com dor.

Infelizmente, mais uma luta se iniciava com os sintomas silenciosos dessa tal diabetes. No retorno para São Paulo, no avião, a cor do pé começou a ficar avermelhada roxa. Assim que chegamos, fomos para o Einstein, onde comunicamos o Dr. Nelson Wolosker sobre o ocorrido. Imediatamente, ele pediu que fizéssemos vários exames, achando que era uma trombose. Graças a Deus foi descartada essa hipótese.

Desde então, não paramos mais lutando com antibióticos, medicamentos para dor, pois os dedos já estavam comprometidos, necrosados.

Fim de ano se aproximando. Fomos passar o Ano-Novo em Paraty, onde a situação se agravou ainda mais. Muita dor no pé, que estava inchado e escurecendo. Ligamos para o médico, que pediu que fizéssemos uma ressonância das veias, inclusive da virilha, lá mesmo em Paraty. Foi quando detectaram um entupimento da artéria na virilha e veias da perna que levavam o fluxo de sangue para o pé.

Voltamos para a capital com os exames nas mãos e procuramos um ortopedista especialista em pés diabéticos. Foi detectado o tal pé de Charcot, pé do diabético. O ortopedista imobilizou o pé e colocou uma botinha mais alta na frente para proteger o dedão que estava já comprometido.

Após esse procedimento, Dr. Alexandre Godoy, o ortopedista especialista em pé diabético, pediu que procurássemos um vascular, pois o caso seria cirúrgico, teriam que abrir as veias das pernas. Após termos passado por 3 profissionais e realizado vários exames, o médico vascular nos disse que a cirurgia seria tranquila, uma angioplastia na perna, em que balões são colocados na veia da perna para que o sangue seja levado ao pé. Ele passou pelo processo cirúrgico em que não houve muito sucesso.

"Tu me formaste e me sustentas com braço de amor. Sei que me amas pelo que te bendigo, meu Pai de misericórdia e Deus de toda consolação. És quem me conforta em toda tribulação."
(MILHOMENS, Valnice. Orando a palavra, p.13.)

"SENHOR tu me sondas e me conheces. Sabes quando me sento e quando me levanto de longe percebes os meus pensamentos. Tu me cercas, por trás e pela frente, e pões a tua mão sobre mim."
(Salmos 139:2,5)

Mediante aos processos, depois da cirurgia, os médicos observaram que o sangue ainda não chegava no pé direito. Foram muitas orações. Graças a Deus, o pé começou a clarear milagrosamente. Mais um "Milagre a conta-gotas".

Ficamos muito felizes. Até fotografei e documentei o ocorrido. Fui convidada para dar um depoimento na Adhonep, a associação da qual fazíamos parte e muitos amigos e irmãos estavam orando.

Depois de quase dois meses de internação, Aldo foi transferido do quarto para uma semi-intensiva, porque o pé começou a escurecer gradativamente dedo por dedo. Os médicos aplicavam medicamentos para acelerar o processo e cortar na altura onde tinha vascularização. A cirurgia correu bem, mas depois de 15 dias no hospital ele sentia muitas dores e precisava tomar medicamentos fortes como morfina, metadona lírica, e isso foi agravando o estado dele.

Mais uma vez nos apegamos à nossa fé e suplicamos a direção de Deus. Falei que simplesmente Novalgina resolveria o problema, pois as dores eram fantasmas como diziam os médicos. Se as dores eram da cabeça dele, eu não via a necessidade de tantos medicamentos fortes. Os médicos, indignados, suspenderam todos os medicamentos para dor forte que o faziam até alucinar e, na direção de Deus, entraram com a Novalgina. Graças a Deus, as dores foram diminuindo.

Também na direção de Deus, queríamos tirá-lo do Sírio Libanês, pois foram diversas ocorrências de erros humanos, infelizmente. Minhas filhas se lembraram do Dr. Alexandre Godoy, o ortopedista que cuidou do pé de Aldo no início. E foi aí que DEUS entrou com a providência divina. Ele usou a vida desse médico para nos alertar, pois já se completava 3 meses de internação.

Ao visitar meu marido, com muita indignação, ele pediu que saíssemos de lá, pois devido ao corte do pé ter sido feito muito baixo não estava tendo vascularização. Assim, nunca cicatrizaria. Nos enchemos de força, com o apoio do Dr. Alexandre Godoy, conversamos com o vascular informando que colocaríamos um *home care*, mas que queríamos a aprovação dele.

Com tudo já alinhado para a saída de Aldo, infelizmente na mesma semana, em um domingo em que os netos vieram visitá-lo, começou a sentir falta de ar. Imediatamente, foi para UTI, pois diagnosticaram uma sepse pulmonar e essa seria a última porta. Mais uma vez busquei forças em DEUS: "Tu criaste o íntimo do meu ser e me teceste no ventre da minha mãe. Os teus olhos viram o meu embrião; todos os dias determinados para mim foram escritos no teu livro antes de qualquer deles existir" (Sl 139).

Eu o acompanhei e fiquei com ele o tempo todo nesse estado grave de sepse pulmonar. Naquela mesma noite, um dos médicos da equipe vascular e a médica cardio que estavam fazendo o acompanhamento dos pacientes me informaram que Aldo não chegaria ao dia seguinte. Eu perdi o chão a princípio, mas adquiri forças novamente e respondi: "Isso é o que o senhor está dizendo, pois a palavra final vem de DEUS". O médico me respondeu: "Eu vim até aqui num domingo trazer uma notícia séria dessas para a senhora e vem me falar da resposta que vem de DEUS!".

Cinicamente, ele olhou no relógio e comentou que havia perdido o cinema com os filhos. Não respondi nada ao médico. Entrei para o quarto de UTI e me posicionei em oração e clamor a DEUS durante toda a noite. Quando deram 7h da manhã, Aldo fez sinal com a mão para que eu tirasse o BiPAP.

Como apertei várias vezes a campainha chamando uma enfermeira e ninguém atendeu, resolvi eu mesma tirar o aparelho. Aldo me pediu água porque estava com muita sede e queria de café da manhã leite e um sanduíche. Com o barulho da máquina apitando, duas enfermeiras entraram correndo no quarto e ficaram bravas por eu ter tirado o aparelho. Disse a elas que ele estava bem e que nosso Deus é este que o homem traz um diagnóstico e o Senhor traz a resposta final.

Quando a médica cardio da noite anterior entrou no quarto, Aldo estava sentado na cama se alimentando. Ela avisou que ele subiria para o quarto diante da melhora do quadro clínico. Aproximei-me da médica e disse a ela que havia acontecido um milagre naquele quarto. A médica se emocionou e me abraçou. Mais um "Milagre a conta-gotas".

Aldo foi para o quarto ainda com o PICC no braço onde os antibióticos eram ministrados.

Liguei para o Dr. Alexandre Godoy, que continuava nos apoiando para tirá-lo do hospital e continuarmos o tratamento com *home care*. Mediante a decisão que tomamos de tirá-lo do Sírio Libanês, os médicos da equipe vascular, cardiologista, pulmonar, equipe da dor, a qual totalizava mais de 15 médicos, agendaram uma reunião emergencial comigo e as três filhas, tentando me convencer do perigo que era Aldo ficar em casa com *home care*. Mas eu estava decidida.

Depois de ouvi-los, disse: "Doutores, com todo respeito, não posso concordar que o meu marido fique neste hospital nem mais um dia, pois já está internado há três meses a ponto de ter uma sepse pulmonar com laudo dado pelo médico da equipe do vascular. Sendo assim, peço que vocês liberem o *home care* para cuidar dele, ministrando os antibióticos via PICC em casa".

Mais uma vez fui obrigada a ouvir outro laudo de morte. Todos eles, categoricamente, me afirmaram que, se ele saísse do hospital, teria 72 horas de vida. Mesmo assim, confiando em DEUS, disse: "Vou levá-lo para casa". Minhas filhas, muito apreensivas com o laudo médico, ainda tentaram me convencer a não o tirar do hospital, me mantive firme em minha decisão.

No dia seguinte, já com tudo arrumado, fomos para casa, onde tínhamos uma organização de enfermeiros dia e noite para ministrarem os medicamentos. Foi uma batalha pela vida. Mas sempre crendo no impossível para os homens, mas possível para DEUS.

Os dias foram passando e as 72 horas previstas pelos médicos em que ele morreria foram superadas. Comemoramos com muita alegria e fé o "O Milagre a conta-gotas".

Durante 10 dias, os médicos exigiram que fizéssemos exames de sangue todos os dias, para contagem das plaquetas e ver se a infecção do sangue devido à sepse estaria regredindo. Dia após dia, foram baixando os números que apontavam infecção.

Passado o tempo determinado de 10 dias, Priscila, minha filha que esteve ao nosso lado o tempo todo, comunicou ao médico que os resultados estavam negativos. Mediante o resultado, o médico comunicou o *home care* para a retirada do PICC, pois ele também seria um ponto para causar infecção. A alegria que sentimos em nosso coração foi imensa ao ver Aldo só com medicamentos via oral e a cada dia melhor.

Após sete dias e já bem recuperado, fomos comemorar em um almoço no restaurante Cór, perto do nosso apartamento. Tiramos fotos e enviamos para toda equipe médica, que ficou sem palavras. Cremos piamente no sobrenatural de DEUS.

"A fé é a certeza de que vamos receber as coisas que esperamos e a prova de que existem coisas que não podemos ver. Foi pela fé que as pessoas do passado conseguiram a aprovação de DEUS. É pela fé que entendemos que o Universo foi criado pela palavra de DEUS e que aquilo que pode ser visto foi feito daquilo que não se vê."
(Hebreus 11:1-3)

Nossa luta continuou, com mais força e na certeza de que tudo daria certo. Já com o pé amputado, porém não na medida certa, recebíamos a visita do

Dr. Alexandre Godoy em quem confiamos piamente e nos ajudava nos curativos que eram dolorosos pois não cicatrizam. Com a ajuda desse médico, que foi um anjo de DEUS nas nossas vidas, ele achou por bem amputar mais para cima perto do joelho para que assim houvesse cicatrização. E aceitamos mais esse desafio.

Com toda a equipe, dessa vez do EINSTEIN, médico vascular, cardio, ortopedista, a cirurgia foi um sucesso. Depois de poucos dias de internação, já se recuperando, buscamos empresas que fabricavam próteses para que Aldo tivesse qualidade de vida. DEUS sempre nos orientando em tudo. Ainda pôde viver mais dois anos, gozando de saúde, festas e até uma viagem para Orlando, com todos os netos.

Eu me dediquei nos quatro anos de enfermidade de Aldo 100% em cuidar dele, pois não queria enfermeira, e isso foi me desgastando demais. Comecei a sentir dores fortes no meu quadril, a ponto de não conseguir mais amarrar um tênis, cruzar as pernas, nem o Pilates que eu adorava fazer não conseguia mais.

Na viagem para USA com os netos, fazendo tratamento com ortopedista de lá, foi diagnosticada uma artrose severa no quadril direito e esquerdo. Mesmo com Aldo na cadeira de rodas e usando prótese, eu com medicamentos fortes para dor, não perdi a alegria nem deixei de me divertir na Disney. Aluguei uma *scooter* para andar nos parques e até mesmo nos shoppings e *outlets*. Estava grata a DEUS só pelo fato e a oportunidade de estarmos voltando em Orlando com os netos. Em todo tempo, DEUS é bom.

**"A alegria do SENHOR
é a nossa força."
(Neemias 8:10)**

Em fevereiro de 2020, quando retornamos de Orlando, começou a pandemia. Nos isolamos, ficando três meses em Riviera de São Lourenço, onde temos um apartamento, longe das filhas e netos. E até comemoramos o aniversário de Aldo, 21 de março, com uma festa on-line com os netos e filhas. Devido às comorbidades do Aldo, não poderíamos arriscar. Minha filha Priscila, depois de dois meses, decidiu ficar na Riviera conosco. Que alegria tivemos com a companhia dela! Passados três meses de isolamento, voltamos para São Paulo para que Aldo pudesse dar continuidade aos tratamentos.

Passamos Natal e Ano-Novo em família, com os netos Raphael, Bruno e Mirelle, que são presentes de DEUS.

2021, ano que jamais imaginaria que seria tão marcante nas nossas vidas. No final do mês de fevereiro, apesar de todos os cuidados que tivemos com Aldo, ele contraiu COVID-19.

Devido às comorbidades e à saúde fragilizada, o médico cardiologista me orientou a não o levar para o hospital. Por sete dias, ele fez o tratamento em casa. Porém, no oitavo dia, eu e minha filha percebemos que ele estava sem apetite e muito sonolento. Ao medirmos a saturação, estava muito baixa. Começou a falta de ar. O nosso motorista até tentou colocá-lo na cadeira de rodas, mas sem condições nenhuma.

Em meio à agitação, pedi a DEUS uma luz do que fazer e, imediatamente, liguei para o Einstein pedindo uma ambulância com urgência. Quando os médicos e paramédicos entraram com a maca, disseram que teriam pouco tempo para socorrê-lo. A saturação estava muito baixa, 50. Com balão de oxigênio, a ambulância fazia manobras radicais para chegarmos a tempo no hospital.

Chegamos ao PA do hospital e Aldo já foi atendido por uma equipe médica de plantão, mas que não conhecia o histórico dele. Os médicos fizeram manobras com oxigênio, BiPAP e decidiram entubá-lo. Em meu coração, sabia que se ele fosse entubado não sobreviveria. Minha filha Katia me acompanhava, as outras duas estavam fora de São Paulo.

Nesse turbilhão de indecisões, lembrei-me do Manual do Fabricante da palavra:

"A tua palavra é uma lâmpada que ilumina os meus passos e luz que clareia o meu caminho."
(Salmos 119:105)

DEUS, mais uma vez, me iluminou e eu liguei para o médico cardiologista de Aldo que, graças a Deus, estava no Einstein. Ele veio até o PA para avaliá-lo. Depois de conversarem entre eles e a meu pedido, os médicos e o Dr. Marcos Knobel, que foi um anjo enviado de Deus, não deixou entubar, respeitando assim o meu desejo.

Aldo subiu para a UTI, onde eu o acompanhei e permaneci lá até ele estabilizar. Pedi permissão para me despedir dele, pois os médicos não permitiram a nossa permanência no local de UTI da COVID. Voltei para casa com um vazio dentro de mim. Percebi que, em certos momentos de nossas vidas, temos um vazio do tamanho de DEUS e que somente Ele pode nos preencher.

> **"Há no homem um vazio do tamanho de DEUS."**
> **(Atos 29)**

Por outro lado, DEUS tem preenchido milhões de pessoas no correr da história, entre as quais eu me incluo. JESUS disse: "Eu sou o pão da vida".

Às 6h da manhã do dia seguinte, o médico endócrino que cuidava do diabetes de Aldo me ligou e informou que ele havia tido uma boa melhora no quadro, permanecendo só com oxigênio no nariz, e que a equipe médica havia liberado para que eu estivesse com ele dia e noite na UTI. Mesmo eu sabendo do risco que estava correndo em contrair o maldito vírus da COVID, aceitei. Fiquei com o meu amado durante 8 dias no olho do furacão e os médicos exigindo que eu fizesse o PCR em dias alternados. Graças a Deus, permaneci imune.

"Tu me cercas por trás e por diante e sobre mim põe a mão."
(Salmos 139; 5)

Após esses 8 dias, passamos para uma semi-intensiva da cardiologia, já fora da ala da COVID, onde permanecemos mais dois dias. Com 10 dias de internação, Aldo recebeu alta, completamente recuperado e feliz.

Em março teve alta, no aniversário de 72 anos, fomos todos para Ibiúna para comemorarmos mais um ano de vida de Aldo. Até um grupo sertanejo se apresentou para animar a festa. Era o estilo de música preferido dele.

Aldo foi vacinado contra COVID após o aniversário. Só que, depois da vacina, ele começou a ter água no pulmão, sequela do vírus. Foi novamente internado e permaneceu no Einstein um mês. Recebeu alta antes do aniversário da neta querida, Mirelle, dia 26 de junho.

Aproveitamos a festa da neta para fazer o chá revelação da nossa pequena Sophia. Uma festa linda, alegre, na qual fizemos um quadro onde toda família participou, colocando vestidinho para menina e shorts azul se fosse menino. O vovô Aldo apostou em menina. Na hora que estouraram os balões e saíram bexiguinhas rosa, ele chorou, parecia que sabia que não conheceria a netinha. Ele já não estava bem. Havia tirado muita água do pulmão, por isso estava bem fraquinho.

O chá revelação foi antecipado por conta das minhas dores no quadril. Estava já me preparando para uma cirurgia com o ortopedista Dr. Cabrita, a qual já havia sido desmarcada oito vezes por conta da situação de Aldo. Eu colocaria uma prótese no quadril esquerdo para amenizar as dores e ter mais facilidade para ajudar meu marido. Mas foram tantas as vezes que desmarquei a cirurgia que pressentia uma providência divina nesse caso.

No dia marcado para a cirurgia, 21 de julho, Aldo começou a passar muito mal. Minha filha Priscila estava retornando do Canadá, onde morava, e ficou muito triste com a internação do pai. Nesse dia, senti algo diferente em meu coração, uma angústia e uma tristeza muito fortes. Não sabia explicar a sensação, mas era de perda.

Assim que Aldo deu entrada no PA, pela gravidade do caso, o médico cardiologista solicitou uma semi-intensiva, para fazer o procedimento de retirada de água dos pulmões. Mais uma vez, comuniquei Dr. Cabrita, meu ortopedista, da gravidade do caso do meu marido e que teríamos que adiar novamente a minha cirurgia. Mal sabia que seria a última semana que eu passaria no hospital com ele.

Foram dias angustiantes, de incertezas. Eu e as meninas nos unimos ainda mais. Katia, minha filha, esteve no hospital ao meu lado todos os dias, pois não o deixei em nenhum momento, dia e noite ao lado dele. Simone, grávida, devido ao hospital ter muitos casos de COVID, a médica ginecologista aconselhou que ela não fosse visitá-lo. Priscila já no Canadá, mas todos os dias falava com ele.

Depois de três dias internado, o quadro agravou. Tantas decisões a serem tomadas, busquei forças em DEUS, pois de mim mesma não encontraria. Cada notícia, cada laudo terrível, os médicos me procuravam para expor um leque de possibilidades, que apenas seriam paliativas, a chance de reverter o quadro seria zero.

Na manhã do terceiro dia, depois de uma junta médica, chegaram à conclusão que o rim dele estava parando e seria necessário fazer a hemodiálise. Dois médicos nefrologistas vieram já com as máquinas instaladas na porta do quarto, com bolsas enormes de líquidos e nos explicaram que seria necessário fazer a hemodiálise, colocando um cano no pescoço do Aldo, que já estava tão debilitado, tão enfraquecido. Pedi para os médicos um dia para eu pensar e decidir.

Fiz uma chamada de vídeo com as meninas chorando, dizendo que eu não deixaria fazer, seria muito sofrimento para ele. As meninas disseram: "Mãe, faça o que está no seu coração". À noite, o médico cardiologista informou que o caso era grave e que deveríamos avisar os familiares.

Quando ele saiu do quarto, perguntei: "Doutor, quero que o senhor me diga se a hemodiálise vai ajudá-lo, pois eu estava decidida a não deixar fazer". O médico, com muito pesar, baixou os olhos e respondeu: "Concordo com a sua decisão. Aldo está com 17% de batimentos no coração. Ele não aguentaria. No primeiro jato, teria uma parada cardíaca". Eu o indaguei: "Doutor, e o senhor me mandou aqui dois médicos nefrologistas para tentar me convencer em fazer isso?". Ele me respondeu que, como médico, precisa fazer de tudo para salvar o paciente, mesmo sabendo que não resolverá.

No quarto dia de internação, foi necessário tirar mais água do pulmão. Após o procedimento, ligamos para Priscila, que conversou com o pai numa chamada de vídeo. Quando ela perguntou: "Pai, você quer que eu volte?". Ele respondeu: "Sim, quero você aqui".

Como a viagem para o Canadá são muitas horas, ela mal havia chegado lá e já estava de malas prontas para fazer a vontade do pai. Esperamos ansiosas a chegada dela, pois os médicos nos apressaram dizendo que daquela noite ele não passaria. Durante o dia, os netos vieram visitar o vovô, ou seja, se despedir do amado vovô Aldo. À noite, ele estava ansioso esperando a TiTa chegar, como ele a chamava carinhosamente. Foram momentos de muita aflição, pois a palavra do médico foi categórica que daquela noite ele não passaria. Como ele estava muito agitado, o médico cardiologista sugeriu aplicar um medicamento para que ele dormisse e ficasse sem consciência.

Novamente recorri ao médico dos médicos, "Deus", entrei no banheiro e orei pedindo a direção de Deus para intervir mais uma vez naquela situação, pois estava esperando ansioso a Priscila chegar.

Graças a Deus, a TiTA querida dele chegou. E como Deus sempre tem a palavra final, o laudo de morte que ele não passaria daquela noite, com alegria pôde ver a Priscila, que fez companhia ao pai mais 3 dias.

"Porque a última palavra é sempre do nosso DEUS, o Senhor da História e autor da vida. Ao homem pertencem os planos do coração, mas do Senhor vem a resposta da língua."
(Provérbios 16:1)

Já sabendo da gravidade do quadro do Aldo, os médicos liberaram visitas. Assim, recebeu o Rapha, nosso neto primogênito de 15 anos, e as filhas. Eu me sentia cansada e impotente para ajudá-lo. À noite, entrei no banheiro e rasguei o meu coração a Deus, pedindo que o melhor na vida do Aldo fosse feito, entregando-o assim nas mãos de Deus.

Lembrei-me de uma passagem da Bíblia Sagrada (João 1;21), que diz:

"Nu saí do ventre de minha mãe e nu tornarei para lá; o Senhor o deu, o SENHOR o tomou, bendito seja o nome do SENHOR."

E falando com DEUS, disse:

"Meu DEUS, se chegou a hora do Aldo partir para a eternidade, seja feita a tua vontade, mas te peço, meu pai, me poupe de vê-lo partir. SENHOR, a tua palavra diz que o Senhor nos daria a paz que excede o entendimento, mas que paz é

essa que não estou sentindo? Me sinto apreensiva e angustiada. Deixe-me sentir essa paz."

Saindo do banheiro, abracei meu marido e disse que estaria ali do lado dele, mas que eu precisava dormir pois estava muito cansada. Então, minha filha Priscila, que passou a noite em claro tomando conta do pai, tomou café e algo energético para ficar acordada. Exatamente como pedi a DEUS aconteceu. Eu dormi a noite toda. Priscila me contou que ele ficou impaciente a noite toda. E ela lhe perguntou: "Pai, o que o senhor quer que eu faça para te ajudar?". Ele pediu para desligar o oxigênio e, para indignação da Priscila, mesmo sem oxigênio, a saturação de Aldo chegava a 99, melhor que uma pessoa normal.

Às 5h da manhã, Priscila saiu do quarto e quis falar com os médicos plantonistas para exigir novos exames no pai, pois sem o oxigênio a saturação estava perfeita. Nesse ínterim da conversa, uma enfermeira saiu correndo dizendo que o painel que fica fora do quarto acusava que ele estava tendo uma parada cardíaca. Para indignação da Priscila e dos médicos que entraram no quarto, presenciaram que eu continuava dormindo profundamente. Tentaram me acordar, mas eu só despertei do sono quando Aldo já havia partido, exatamente como eu pedi a DEUS.

Olhando o semblante dele tranquilo, como quando dormia no sofá em casa, com a mão segurando a cabeça, pedi a Deus que queria sentir a paz que excede o entendimento, pois a Bíblia afirma isso o tempo todo: somente DEUS pode nos oferecer essa paz. Exatamente como eu havia pedido a DEUS me foi concedido.

No texto de Filipenses 4:7, destaco o que Paulo fala à igreja de Felipo:

"E a paz que excede todo o entendimento guardará os vossos corações e os vossos pensamentos em CRISTO JESUS."

Então, eu pude ter o privilégio de experimentar essa paz, que me envolveu de tal maneira que as enfermeiras ficaram admiradas com a tranquilidade que consegui lidar com a situação. Pediram se poderiam ir retirando os fios instalados no corpo dele.

Assim, prosseguimos com todas as providências a serem tomadas. Priscila vendo o trâmite do funeral e eu, com muita paz e tranquilidade, arrumando a mala para ir embora. Nesse ínterim, entrou o médico Dr. Marcos Knobel, que é nosso médico cardiologista, me abraçando e dizendo que todas as decisões que eu havia tomado foram corretas, pois em todo o tempo eu buscava em DEUS a resposta para uma decisão correta que os médicos sugeriram nos procedimentos seguintes. Eu louvo a DEUS por cada resposta acertada que o próprio DEUS me ajudou a tomar.

E agradeço a Deus pela vida do dr. Marcos Knobel que foi um instrumento de Deus nas nossas vidas em todo o tempo. Gratidão!

CAPÍTULO 5:
NUNCA OLHE PARA O RETROVISOR DA VIDA

Um ciclo se encerrou na minha vida conjugal, foram 47 anos de alegrias em família. Aldo foi um supridor, deixando um legado maravilhoso, nada e nenhuma palavra ou descrição neste livro poderá ser o suficiente para expressar tudo que pude viver ao lado dele. DEUS foi fiel em todo tempo, pois em todo tempo Ele é bom, tão bom!

Passado o sétimo dia, fizemos um Culto de Ação de Graça pelo tempo de vida de Aldo. E para minha alegria, tantos amigos e parentes entraram, até mesmo nossos fornecedores de outros países. Gratidão pela demonstração de carinho comigo e com as meninas! Os netos sentiram muito a falta do vovô.

Nesse tempo de luta, eu já vinha sentindo dores muito fortes no quadril dos dois lados. Busquei na medicina muitos tratamentos para alívio das dores.

Devido ao meu esforço em ajudá-lo no banho e o tempo todo o assistindo nas internações, adquiri duas artroses severas, no quadril direito e esquerdo, tirando assim os movimentos mais corriqueiros do dia a dia como amarrar um tênis, agachar e cruzar as pernas.

Aldo faleceu no dia 21 de julho de 2021. Um mês após o falecimento dele, eu voltei ao consultório do Dr. Cabrita, meu ortopedista, decidida a fazer a cirurgia do quadril esquerdo. E, no dia 23 de agosto de 2021, coloquei a prótese do lado esquerdo. Graças a DEUS, a cirurgia foi bem-sucedida! Fui operada em uma segunda-feira e tive alta na quinta-feira cedo. Surpreendentemente maravilhoso, mais um "Milagre a conta-gotas".

Usei andador por 15 dias; depois, duas muletas. E, no mês de novembro, após 3 meses de cirurgia, passei para uma muleta, permanecendo até janeiro de 2022. Não poderia deixar de mencionar que DEUS continua sendo bom. Em 10 de dezembro de 2022, nasceu a pequena Sophia, filhinha da minha filha Simone e Halmer, que esperaram por esta filha por 13 anos, e justamente foi nascer quando o vovô Aldo havia partido. Ela veio para nos preencher o vazio da falta dele, no primeiro natal sem a presença do vovô.

Mesmo tendo colocado a prótese, ainda continuei lutando com dores fortes e pouca mobilidade devido ao desgaste da cabeça do fêmur do lado esquerdo. Tentei aplicações e tratamentos paliativos com diferentes profissionais, gastei uma fortuna tentando escapar da segunda cirurgia. Somos seres humanos e sempre estamos querendo dar uma mãozinha para DEUS, tentando fazer da nossa maneira.

Os meses foram passando e eu em luto. A minha filha Priscila, que havia vindo do Canadá para ficar comigo durante o processo da cirurgia e recuperação, já não estava mais comigo para fazer companhia. E com o processo de viuvez e ainda recém-operada, me sentia impotente muitas vezes, mas nunca deixei me abater pelas circunstâncias. Com os olhos fitos em DEUS, no autor e consumador da minha fé, mesmo ainda com uma muleta e andando com dificuldade devido ao outro lado que estava bastante desgastado e precisaria urgente fazer a prótese, sempre pedia a direção de DEUS.

Continuei fazendo reuniões de oração toda semana com os funcionários do escritório da fábrica e representantes, trazendo uma palavra como reflexão para a semana. Como sempre gostei de fazer chás *brunch* para as amigas, e presencial não seria possível devido à minha situação de recuperação da cirurgia com muleta, a minha filha Priscila me incentivou a fazer um *blog*, um encontro de mulheres mesmo on-line. Assim, começamos a pensar em um título, mas DEUS nos guiou para "À mesa, com ELAS".

Esse título tão significativo faz referência à mesa com JESUS e seus discípulos para dividir o pão. Em torno da mesa, nos reunimos e estamos com a nossa família. A minha estreia e a primeira palestra foi com a minha amiga Ligia Fortti, que muito gentilmente aceitou trazer uma série em semanas alternadas: as 5 mulheres que fizeram parte da linhagem de JESUS. A primeira Tamar, uma mulher de esperança; Raabe, uma mulher de fé; Rute, uma mulher de amor; Bete Seba, uma mulher que recebeu graça ilimitada; Maria, uma mulher de obediência.

Algumas amigas que palestraram em "À mesa, com ELAS":

- **Ligia Fortti** - teóloga, escritora, dirigente da Yachurch Ilhabela, Radialista Ilhabela Web;

- **Rebeca Posella Eva** - executiva do mercado financeiro. Palestrou sobre "Vencendo sabotadores da mente";

- **Fatima Fontes** - psicóloga clínica, psicoterapeuta de São Paulo, Dra. pela USP, palestrante e autora. Palestrou sobre "Quem somos, de onde viemos e para onde desejamos ir";

- **Cristina Calligaris** - treinadora, *master coach* e mentora. Palestrou sobre "Inteligência Positiva e Equilíbrio Emocional";

- **Julia Nesi** - terapeuta e mentora de mulheres em Joinville-SC. Palestrou sobre "Seja um bom ímpar para ser um bom par".

Assim, segui os meus dias de recuperação, não com pesar ou tristeza, pois não temos que nos isolar quando estamos passando pelo processo. Não deixei em nenhum momento de estar enaltecendo a DEUS. Não podia estar pessoalmente, mas continuei fazendo *lives*.

"À mesa, com ELAS" continuou fluindo na expectativa da minha cura por completo. Esse processo pode durar algum tempo, mas vai passar, pois todo processo na nossa vida é lugar de passagem e não de estada, não é morada.

Resiliência: é passar por momentos difíceis e não perder a fé, é entender que tudo tem o seu tempo e nada acontece por acaso. É tirar lições de tudo que nos acontece, é entender que DEUS está no controle de todas as coisas. É orar e confiar que tudo vai se ajeitar.

Fui me recuperando e me preparando para fazer o lado direito do quadril. Em julho de 2022, resolvi visitar a minha filha Priscila, no Canadá. Ela está em um relacionamento há 2 anos e queria conhecer o Steve e a família. Perguntei ao Dr. Cabrita se poderia fazer a viagem de 14 horas, usando aplicações e outros tratamentos paliativos para aliviar a dor da Artrose. Seria a primeira vez que viajaria sem meu marido.

O médico me liberou, mas escreveu uma carta em português/inglês para apresentar no aeroporto e na Polícia Federal para que eu pudesse ter assistência na chegada ao Canadá pelo fato do aeroporto ser muito grande e evitar locomoção a pé.

Quando cheguei ao Aeroporto do Canadá, uma cadeira de rodas já estava me esperando na porta da aeronave. Chorei muito, pois me trouxe à memória todo o processo que vivi com Aldo, e tenho aversão à cadeira de rodas. O rapaz, ao me ver chorando, perguntou: *"Are you all right?"* *"I'm not ok*!". Expliquei ao rapaz que não gostaria de estar na cadeira de rodas. Ele, muito gentil, disse que subiria apenas a ladeira de cadeira de rodas, depois seria colocada em um carro de golfe.

Quando cheguei ao Brasil, a minha decisão foi colocar a outra prótese. O médico marcou a cirurgia para o dia 21 de agosto. Novamente, a cirurgia foi um sucesso. No segundo dia de operada, já estava com andador nos corredores do hospital. No terceiro dia de cirurgia, eu já estava de alta.

Mais uma etapa vencida. E, com a companhia da minha filha Priscila, fui passando por todos os processos pós-cirúrgicos. Só que, dessa vez, contei também com a companhia da Simone e da pequena Sophia, que me trouxe alegria para enfrentar mais esse desafio da recuperação.

Mesmo com o amparo das minhas filhas, sentia uma angústia dentro do meu coração. Então, falei muito com DEUS, comentei da minha gratidão pelo sucesso da minha cirurgia, mas que nem eu mesma conseguia entender aquele vazio que me sobreveio. Até que DEUS me trouxe à memória um livro que eu havia começado a escrever quando Aldo ficou internado pela primeira vez no Sírio Libanês, "Milagres a conta-gotas".

Então, nessa mesma noite, guiada pelo Espírito Santo de DEUS, comecei a escrever o prefácio, a apresentação do livro. Fiquei a madrugada escrevendo, até que a minha filha Priscila, vendo a luz do meu quarto acesa, entrou e me perguntou: "Está tudo bem, mãe?". Eu mostrei para ela o que estava escrevendo. Ela leu e se emocionou e disse para eu continuar que tinha ficado lindo o prefácio.

Depois de 2 dias que recomecei a escrever este livro, já estava no segundo capítulo, só que precisava muito encaixar o início, que foi escrito no Sírio

Libanês. Foi justamente aí que veio a resposta. Há 2 anos deixei meu iPad com André, o responsável pelo setor de TI da nossa empresa. Naquele dia, ele me informava que tinha recuperado o iPad e o trecho que eu havia escrito de um livro.

Meu DEUS, era tudo o que eu queria! Mais uma confirmação de DEUS que este livro e que a história da minha vida que estou narrando aqui será para ajudar muitas pessoas a se encorajarem a nunca desistir dos seus sonhos.

Os dias foram passando, eu de duas muletas. Com um mês e meio de cirurgia, passei para uma muleta. Continuei fazendo as minhas *lives* com as palestrantes maravilhosas que já mencionei. Em um desses dias, antes da minha *live*, comentei com a minha filha Priscila o desejo que eu tinha de visitar Israel. Ela, no entanto, achou melhor eu me recuperar bem e sugeriu a viagem para o ano seguinte.

Mas, no meu coração, algo me dizia que a viagem estava próxima. Após a conversa com minha filha, entrei na *live* da Bispa Fernanda, da Renascer em CRISTO, que estava fazendo um estudo bíblico. No final da *live*, ela comunicou que estava programando a primeira Caravana só de Mulheres do MQV (Mais Que Vitoriosas) para a Terra Santa e que seria imperdível, quem quisesse e tivesse o desejo de ir que ligasse para a Hebrom Turismo para fazer a reserva. A Caravana sairia dia 13 de novembro, e ficaríamos lá por 10 dias.

Quando comentei com Priscila, ela disse que eu ainda estava de muleta e que seria muito cedo para pensar em viagem. A mesma resposta ouvi da atendente da Hebrom, por telefone, ao tentar fazer a minha inscrição. Porém, eu estava resolvida a ir de qualquer maneira. Sabia que DEUS estava preparando esta viagem e que estaria boa até lá. Afinal, a palavra tem poder e queria ir a Israel para agradecer a DEUS e viver todas as promessas contidas no Manual do Fabricante para a minha vida.

Em Provérbios 18:21, está escrito:

**"A morte e a vida estão
no poder da língua;
o que bem a utiliza
come do seu fruto."**

CAPÍTULO 6

CAPÍTULO 6:
OLHAR PARA FRENTE COM OLHAR DE ÁGUIA

"A tua palavra é lâmpada que ilumina os meus passos e luz que clareia o meu caminho."
(Salmos 119:105)

E nessa decisão de fé, sem ainda ver nada concretizado, fui ao consultório do Dr. Henrique Cabrita depois de dois meses e já entregando as muletas. Surpreso, ele me disse: "Você está bem e, com dois meses, se liberando das muletas". Então, eu falei que gostaria de fazer uma viagem para Israel, que sairia no dia 13 de novembro.

Admirado, o médico me falou que seria liberada para uma viagem tão longa apenas com 6 meses de cirurgia. Eu insisti que era um desejo do meu coração. Afinal, depois de tantas lutas que passei, sobrevivi e estou bem graças a DEUS, queria pessoalmente descer as águas do Rio Jordão e reafirmar o meu compromisso com DEUS.

O médico, olhando as anotações da minha fisio que trabalha em paralelo dando toda assistência aos pós-operatórios, verificou o meu desenvolvimento durante os exercícios. Como percebeu que a minha recuperação e o meu progresso estavam excelentes, resolveu me liberar para a viagem.

Fiquei tão feliz com a resposta positiva, que ainda ousei mais: "Doutor, já que estou gastando com a viagem, será que eu poderia saindo de Tel Aviv ficar uns dias em Madrid?". Ele sorriu e disse para que eu fosse feliz na minha esticadinha. Mas recomendou que alguém fosse comigo, já que estaria desacompanhada em Madrid. Depois, me passou os documentos e os cartões de identificação de Implante Ortopédico Artroplastia Total do Quadril Direito e Esquerdo.

No dia da viagem, completava três meses de cirurgia. Era realmente um sonho se realizando. Em uma *live* com as instruções, fui apresentada às outras mulheres que estariam também realizando o sonho de pisar na Terra Santa. Recebemos os kits do +QV Mais Que Vitoriosas.

Para concluir, a Bispa disse: "Esta viagem não é para quem quer ir, ou quem pode, mas para aquelas que DEUS escolheu". Realmente, das 70 mulheres inscritas, só 30 foram.

DEUS cuidou de mim em cada detalhe, desde o aeroporto até a chegada na Terra Santa. Confesso que estava apreensiva, pois não fazia parte dessa comunidade. Conhecia a Bispa Sônia, a Bispa Fernanda e o Apóstolo Estevam pela TV Gospel de Televisão, nos momentos difíceis que passei ao lado de Aldo e no pós-operatório das minhas cirurgias.

Guiada por DEUS, fui bem recebida pela equipe de apoio da Hebrom Turismo e por outras pastoras, que deram assistência ao grupo pertencente à Caravana no aeroporto. Também tive atenção de uma amiga, Katia Campione, que conheci durante a *live* e, no aeroporto, esteve comigo o tempo todo me fazendo companhia.

Sentia muita falta de Aldo e fiquei apreensiva por não conhecer o grupo, mas quando deixamos tudo nas mãos daquele que tudo pode, não tem como ser diferente, porque Ele faz o melhor para aqueles que o amam e o temem.

Fizemos escala em Madrid, onde tive companhia da própria Bispa Sonia, Apóstolo Estevam e outras queridas que estavam na sala Vip esperando para outro voo para Tel Aviv. E os presentinhos de DEUS, que é pai amoroso, começaram. Pela atenção dos organizadores, percebi que tinha ali uma família, a família de Deus.

Ficamos hospedados em um hotel em frente ao Mar da Galileia. Um verdadeiro sonho o amanhecer e o pôr do Sol nesse lugar. Mal sabia eu o que me esperava ainda pela frente, quantas bênçãos ao decorrer desses nove dias.

Em todos os passeios, DEUS me fortaleceu a cada dia ainda mais. Apesar de recém-operada, não desisti de nenhum passeio ou fiquei para trás. Com o cuidado e a atenção de todos do grupo, principalmente alguns que se destacaram em me dar atenção especial, como a Patrícia Rueda, esposa do Bispo Rueda, casal referencial de pessoas amorosas e que carregam dentro de si o amor de DEUS. Também a Bispa Virginia e seu esposo Fabio.

Roteiro de alguns lugares que me marcaram: Monte das Bem-Aventuranças, Magdala, Cafarnaum, Rio Jordão, Mar da Galileia e Monte Scopus, onde tive a oportunidade de reafirmar o meu compromisso com DEUS descendo as águas do Rio Jordão, me batizando e dando os 7 mergulhos das promessas para minha vida.

Foram passeios e lugares de pedras íngremes. Com os olhos humanos, impossíveis de serem ultrapassados para quem está normal. Só de observar cada detalhe dessa viagem em que DEUS me sustentou e me amparou, fico imensamente grata.

A travessia das Muralhas de Jerusalém foi a mais desafiadora de todas as visitas que fizemos. E o SENHOR, na sua infinita graça e sabedoria, colocou anjos ao meu redor, atravessando toda essa muralha, acompanhada pela Bispa Sonia que, em todo tempo, quando eu olhava o tamanho dos degraus para subir e os corredores das Muralhas de Jerusalém de pedra-sabão escorregadia, muitas vezes durante o trajeto, eu olhava para o tamanho do desafio pela frente e a Bispa me dizia: "Você consegue! Se DEUS te trouxe até aqui, Ele irá te capacitar a vencer mais este obstáculo".

Então, cada degrau alto de pedras que eu subia, lembrava todos os desafios e lutas que enfrentei. Em cada degrau, eu enxerguei ali as minhas lágrimas e todos os meus desafios desses anos de vida. E, assim, eu prosseguia subindo e andando pelas Muralhas de Jerusalém. Ali, o Bispo Rueda fez uma gravação de um vídeo para enviar para os médicos: "Doutores, quero comprovar aqui um milagre na vida da Fátima, e claro, a perícia dos senhores. Estamos fazendo aqui um passeio, que até é difícil para quem não tem problemas de mobilidade, sobre as Muralhas de Jerusalém. Sei que vocês são judeus e que isso edifique a fé de vocês. Ela venceu todo esse percurso".

Durante todo o trajeto atravessando as Muralhas de Jerusalém, eu fui fortalecida no meu espírito, na certeza de que conseguiria ir até o fim, ouvindo este louvor: "Você não vai morrer antes vai ver todas as promessas de DEUS para tua casa e família". (Louvor: Promessa – Renascer Praise 20. Direitos autorais: Bispa Sonia Hernandes).

🎵 **"Parece mesmo que esse dia nunca vai chegar. Parece mesmo que suas promessas eu não vou** viver. Possuir a terra onde honra leite e mel, com meus filhos ao redor, ver suas bênçãos sobre os meus. Aquele que começou a boa obra em minha vida é fiel. Ele é fiel, não descansará, não desistirá enquanto não houver terminado. Eu não vivo do que vejo, mas vivo do que creio. Sim, Ele é fiel. Sim, JESUS é fiel. Eu não morrerei, antes viverei todo bem do SENHOR aqui na terra e no céu. Olha para JESUS. Olha para DEUS que deu o seu único filho para te salvar".

MENSAGEM FINAL

Não existe nada que DEUS não possa fazer. Processo não é morada, é passagem. Depois de vencer o processo, só levamos a experiência, que é a maturidade.

Lembre-se: "Não existe Oração que DEUS não possa responder. Não existe milagre que seja impossível para o SENHOR".

Portanto, pra DEUS não há impossíveis, continue orando, insistindo, buscando. Porque quem bate, a porta se abre; quem busca a Ele encontra e acha.

Insista todos os dias. Diga: "Oi, DEUS, sou eu de novo!". Até que um dia tudo aquilo que você disse no secreto, publicamente DEUS vai HONRAR. Toda ORAÇÃO pode se tornar um TESTEMUNHO.

NÃO DESISTA DOS SEUS SONHOS.

"Busquem pois, em primeiro lugar o Reino de Deus e a sua justiça, e todas essas coisas serão acrescentadas a vocês..."
(Mateus 6:33)

DEPOIMENTOS DAS AMIGAS

Fatima Cristina Costa Fontes

Tenho o privilégio de exercer uma profissão que me permite viver grandes encontros. Graças a isso, conheci a Fátima Storino e sua tocante trajetória de vida, na qual os obstáculos que surgiram em seu trajeto existencial jamais a fizeram desistir. A conheci num desses momentos cruciais, e com ela temos atravessando verdadeiros "vales de ossos", como o profeta Elias. Mas a vida de Fátima Storino impõe vida a lugares secos e desolados. Este seu primeiro livro atesta isso. Você me inspira, Fátima Storino, prossiga sendo luz na escuridão.

Pra. Ligiah Fortti

Fátima é dessas pessoas que admiramos logo de cara.

Quando a conheci há uns 23 anos atrás, em minha clínica de Estética.

O que mais me chamava atenção na Fátima e suas filhas que sempre quando chegavam na minha clínica de Estética, estavam sempre alegres. Como se vivessem sem problemas.

E isso me chamou muito a atenção, pois queria isso pra minha vida também.

Assim visualizei na Fátima essas qualidades e características, muito positivas para nossas vidas. Uma mulher forte, perseverante e generosa.

Em um dado momento muito difícil de minha vida, ela me levou a um lugar, um jantar da Adhonep, uma Associação da qual ela e as filhas faziam parte, onde tive um encontro real com CRISTO, através de um testemunho que tocou a minha vida.

Onde, com o passar dos anos, pude ser cuidada por DEUS; a igreja de CRISTO.

Tenho muita gratidão a ela e suas filhas.

Por ser um grande exemplo e boa influência, sempre buscando a excelência em tudo, e isso só acontece quando entendemos o valor de nossas vidas e o quanto nos empenhamos para dar o nosso melhor, a partir daquilo que DEUS nos capacita a fazer.

Recomendo que você leia seu livro e sua história.

Que DEUS abençoe grandemente esse projeto e alcance muitas pessoas.

....

Dineuza Cordon

Minha amiga Fátima Storino, mulher de muita fé, onde tive o privilégio de acompanhá-la nessa caminhada Cristã, Destemida sempre em levar a todos a palavra de DEUS.

Foi através dela que eu e minha família nos achegamos mais e mais a CRISTO.

Pois sou testemunha dos milagres por ela alcançados através da fé!

Creio que este livro será um canal de benção a muitos.

Maria Helena Bitente

Minha amiga Fátima!

O que poderia dizer sobre ela...

Uma Mulher movida pela fé, onde enfrentou todos os desafios da vida sem perder a fé. Crendo sempre que DEUS Onisciente e Onipresente está em toda e qualquer situação.

Que este livro possa nos inspirar a renovar a nossa fé a cada dia!

....

Izabel Santa Rosa

A Fátima minha amiga, de anos, é um grande exemplo de mulher de Deus e nos ensina a persistência em sonhar alto, pois aprendo com os seus testemunhos de milagres a nunca desistir e continuar firme e forte no caminho e direção que Deus já determinou para as nossas vidas.

Amo a Fátima e sua família, muitas caminhadas juntas na Adhonep, uma empresária de valor e um valor imensurável.

Simples e humilde de coração, sempre tratou a todos do maior ao menor com excelência.

Delaine Nicolau

Fátima, são muitos anos de convivência onde pude presenciar as muitas e difíceis batalhas, guerreira vitoriosa sempre de joelhos diante de DEUS, com fé, oração, empatia e generosidade no coração!!

Fazer parte dessa vitória na tua vida, me deixa honrada!

Que este livro, diante de todos esses depoimentos de força, fé e coragem, seja transmitido, encorajando a muitos corações, a nunca desistirem de serem felizes!

Sua amiga de sempre!

....

Ana Lúcia Carpinetti de Castro

Fátima, querida amiga! Agradeço a esta amizade que já dura mais de 22 anos repletos de dias felizes, mas, também, de dias tristes, os quais serviram para aumentar nossa conexão espiritual, que somente DEUS poderia nos dar. Que este livro seja um marco na tua vida e alcance muitas vidas desesperançadas! Te amo! Bjs

Maria da Glória Veneziano

"… aprendei de Mim que sou manso e humilde de coração…" Mateus 11:29. É isso que eu sinto quando lembro da minha grande amiga Fátima. Ela aprendeu com JESUS. Com o seu comportamento tão amoroso, mudou a minha vida de maneira definitiva. Através do seu ministério de jejum, oração, e visita aos necessitados, o meu marido recebeu JESUS e foi salvo. Através de um jantar da Adhonep, ministério do qual ela faz parte. Nada é mais precioso do que isso.

Ela é aquela pessoa com a qual a gente pode contar nas horas difíceis. Na verdade, precisaria escrever um livro inteiro para contar tantas coisas que DEUS tem usado a sua vida para ministrar amor e dedicação por onde passa. Creio que, naquele dia, a sua coroa vai ser muito linda.

DEUS te abençoe sempre AMIGA!

....

Maria Julieta Gondim Sampaio

Fátima, existe uma união perfeita entre você e a fé, isso te faz uma mulher poderosa e nos deixa como um verdadeiro exemplo de vida. Que este livro nos mostre o verdadeiro caminho da fé, a nunca desistirmos!

Willian e Nilvane Simoceli

Querida Fátima,

Muito obrigada e muito feliz por você contando sua história de tantas batalhas e tantas vitórias. Construíram uma família maravilhosa, muita fé e um avanço incrível na empresa também, enfim grandes conquistas e milagres em sua trajetória. Tenho certeza de que já é um sucesso e uma delícia de ler.

Beijão.

Levon e Sônia Kessadjikian e família.
Odair e Vera Alonso Garcia e família.
Jurandir e Cleusa Longo e família.
Jorge e Mariusa Moura e família.

Conhecemos a Fátima há mais de 20 anos.

Uma das coisas que mais admiramos é que, mesmo nos momentos difíceis, a sua fé e devoção a Deus sempre estiveram em primeiro plano.

A fé é um dom de Deus que lhe fortaleceu através de suas orações, inspirando pessoas e famílias a seguirem o mesmo propósito.

Coragem, atitude, fé e determinação são palavras que definem Fátima Storino.

....

Juliana Francisco, Mere Palomo, Idione Ahmad e todas do grupo "Amigas Abençoadas"

A querida Dona Fátima é uma mulher de fé, que escolheu caminhar todos os dias com CRISTO, sejam eles calmos e serenos ou agitados e desafiadores.

Ela tem olhos que veem e, por isso, notam milagres todos os dias.

É uma alegria poder acompanhar os seus testemunhos e o seu amor por JESUS!